Édité par Hachette Livre – 58, rue Jean Bleuzen – 92178 Vanves Cedex
Imprimé par Imprimerie de Champagne en France – Achevé d'imprimer : janvier 2017
ISBN : 978-2-01-401333-7 – Édition 03 – Dépôt légal : novembre 2016
Loi n°49-956 du 16 juillet 1949 sur les publications destinées à la jeunesse.
Pour tout renseignement concernant nos parutions, nous contacter
par téléphone au 01 43 92 38 88 ou par e-mail : disney@hachette-livre.fr

Disney

VAIANA

LA LÉGENDE DU BOUT DU MONDE

hachette
JEUNESSE

Adaptation du texte : Emmanuelle Caussé

Disney

VAIANA

LA LÉGENDE DU BOUT DU MONDE

L'histoire du film

Dans l'océan Pacifique se trouve l'île de Motunui. Ses habitants vivent à l'abri de l'océan, derrière une barrière de corail et l'île leur donne tout ce dont ils ont besoin. À Motunui, on raconte de nombreuses légendes, en particulier celle de la déesse Te Fiti, l'île mère de toutes les autres îles, dont le cœur a le pouvoir de donner la vie.

Un jour, un arrogant demi-dieu du nom de Maui s'empara de son cœur afin de l'avoir pour lui seul. Grâce à son hameçon magique, il se métamorphosa en faucon pour dérober le cœur.

Mais il fut frappé en plein vol par Te Kā, un démon de feu ! C'est ainsi que Maui, son hameçon magique et le cœur furent perdus dans l'océan.

Grand-Mère Tala vient de raconter l'histoire de Te Fiti aux enfants de Motunui. Tous sont terrifiés, à l'exception de Vaiana, sa petite-fille.

« Avec Te Kā, l'obscurité se répand, les poissons disparaissent et les îles dépérissent !

– Allons, ce n'est qu'une légende... » intervient le chef Tui, qui est aussi le père de Vaiana.

La fillette se rend ensuite sur la plage. Alors qu'elle ramasse un coquillage, elle aperçoit un bébé tortue attaqué par des oiseaux affamés. Elle chasse les oiseaux et guide la tortue jusqu'à l'océan, son coquillage à la main. Soudain, une vague s'élève : l'océan lui remet une pierre gravée d'une spirale. Le cœur de Te Fiti !

« Vaiana ! Tu m'as fait peur, une vague pourrait t'emporter ! » s'écrie son père en apercevant sa fille trop près du rivage.

Il la serre dans ses bras et Vaiana laisse tomber la pierre.

« Je veux y retourner ! s'écrie-t-elle.

– Non, réplique son père. Rentrons au village, là où est ta place. Un jour, c'est toi qui dirigera notre peuple et tu accompliras de grandes choses ! »

À Motunui, les habitants vivent en harmonie avec l'île qui leur fournit poissons et noix de coco. En grandissant, Vaiana participe joyeusement aux activités du village aux côtés de son ami Pua, le cochon et de Heihei, un petit coq bête qui agace constamment les habitants.

Les années passent. Bientôt, Vaiana succèdera à son père.

Le jour des seize ans de sa fille, Tui la conduit sur le plus haut sommet de Motunui. Il lui montre la colonne de pierres sacrée construite par les chefs qui l'ont précédé.

« Vaiana, quand tu seras prête, tu viendras y ajouter ta pierre. N'oublie pas que tu es le futur de ton peuple », ajoute-t-il en lui montrant le village en contrebas.

Pour devenir chef, Vaiana apprend à écouter les problèmes des villageois. Car rien ne va plus à Motunui : la terre est moins fertile et le lagon ne leur fournit plus de poissons !

« Et si nous allions pêcher au-delà de la barrière de corail ? propose la jeune fille.

– As-tu perdu l'esprit ? s'écrie son père. L'océan est beaucoup trop dangereux ! »

Accompagnée de Pua, Vaiana part sur l'océan pour prouver à son père qu'il a tort. Mais, elle ne maîtrise pas sa pirogue. À l'approche de la barrière de corail, les vagues la font chavirer !

Heureusement, elle parvient à regagner la plage avec Pua. Et là, Grand-Mère Tala l'attend. Elle veut lui révéler le plus grand secret de l'île...

Grand-Mère Tala conduit Vaiana jusqu'à l'entrée d'un tunnel.

« Tu veux savoir qui tu es vraiment ? Entre, fais résonner le tambour et découvre-le ! »

Vaiana pénètre à l'intérieur d'une gigantesque caverne, ouverte sur l'océan. Tout autour d'elle, de grandes pirogues sont échouées sur le sable.

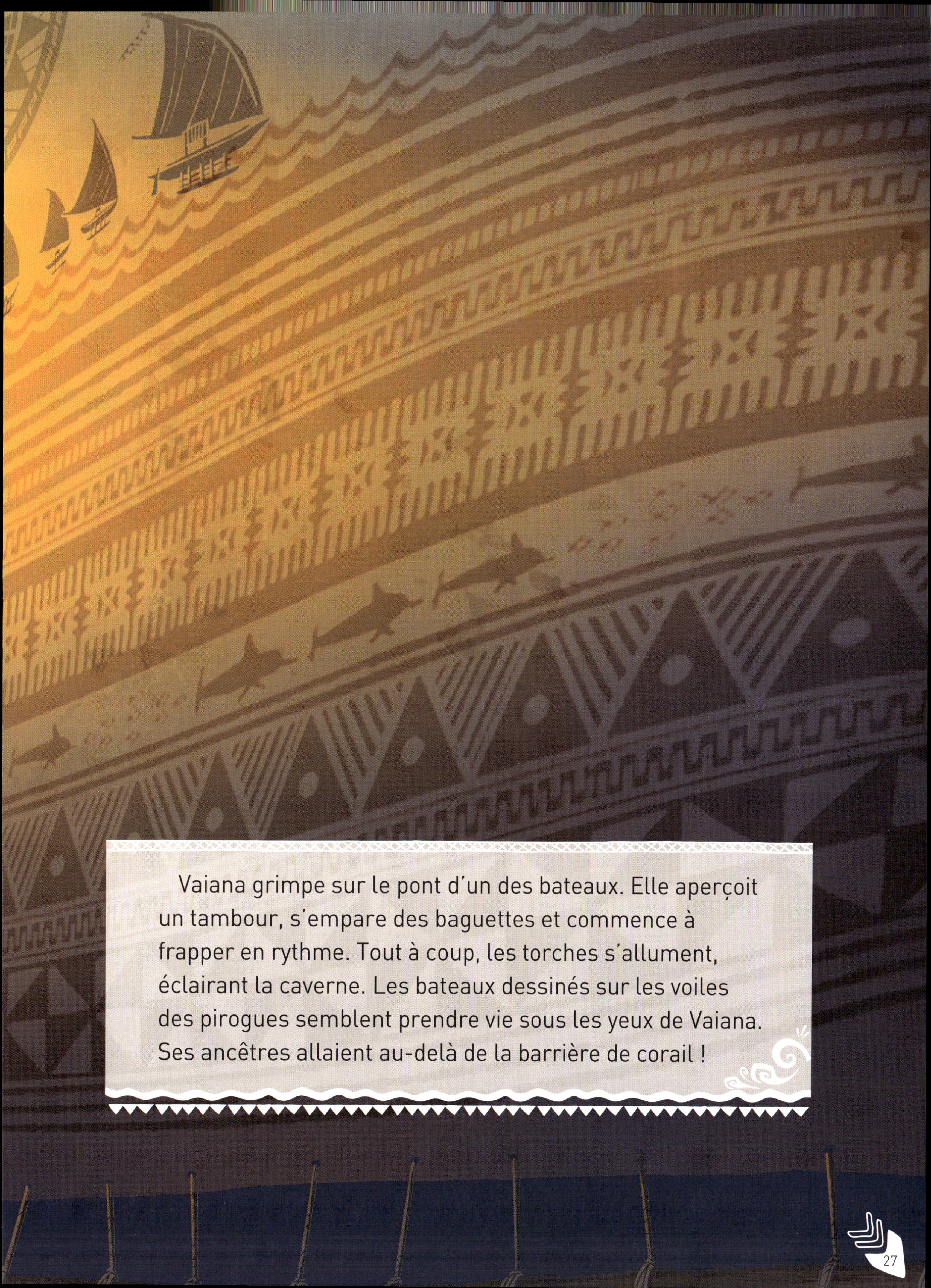

Vaiana grimpe sur le pont d'un des bateaux. Elle aperçoit un tambour, s'empare des baguettes et commence à frapper en rythme. Tout à coup, les torches s'allument, éclairant la caverne. Les bateaux dessinés sur les voiles des pirogues semblent prendre vie sous les yeux de Vaiana. Ses ancêtres allaient au-delà de la barrière de corail !

« Nous étions des navigateurs ! s'écrie Vaiana en retrouvant Grand-Mère Tala. Mais, pourquoi avons-nous changé ?

– À cause de Maui ! Désormais, les ténèbres anéantissent la vie sur les îles. Pour nous sauver, tu dois retrouver Maui et lui faire restituer le cœur de Te Fiti, ajoute-t-elle en déposant la pierre verte dans la main de Vaiana. J'étais là le jour où l'océan t'a choisie ! »

Vaiana se précipite au conseil du village :

« Je sais comment sauver notre île ! Autrefois, nous étions des navigateurs, nous pouvons le redevenir. Rendons son cœur à Te Fiti ! Ce n'est pas une légende, explique-t-elle en montrant la pierre.

– Bien sûr que si ! » crie Tui en jetant la pierre.

En ramassant le cœur, Vaiana fait une inquiétante découverte : le bâton de Grand-Mère Tala est abandonné sur le sol.

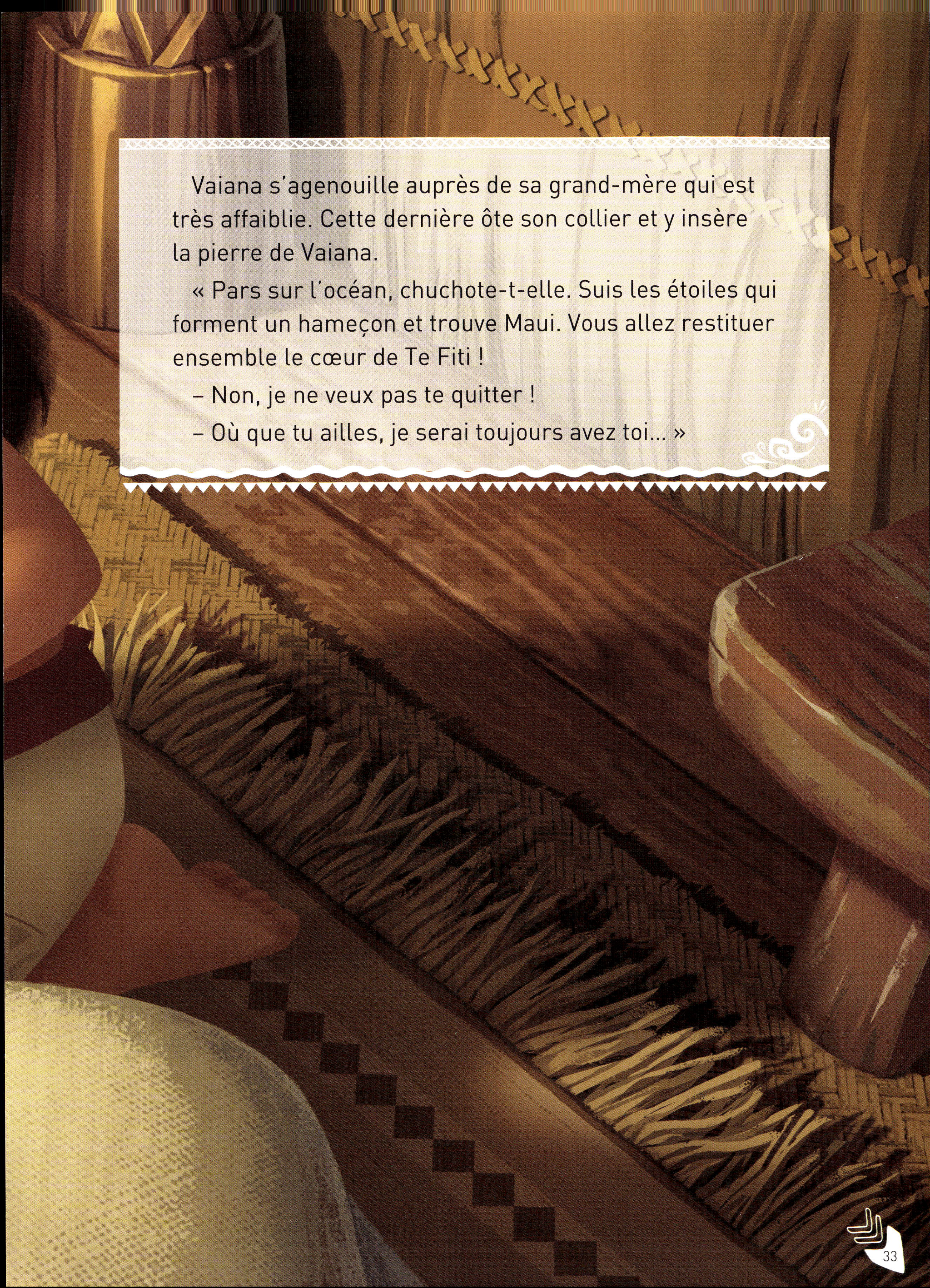

Vaiana s'agenouille auprès de sa grand-mère qui est très affaiblie. Cette dernière ôte son collier et y insère la pierre de Vaiana.

« Pars sur l'océan, chuchote-t-elle. Suis les étoiles qui forment un hameçon et trouve Maui. Vous allez restituer ensemble le cœur de Te Fiti !

– Non, je ne veux pas te quitter !

– Où que tu ailles, je serai toujours avez toi... »

Vaiana a pris sa décision. Elle se rend à la caverne et choisit une pirogue qu'elle pousse jusqu'au lagon, puis elle pagaie en direction de la barrière de corail. Soudain, une raie manta, l'animal fétiche de Grand-Mère Tala, passe sous son bateau. Vaiana comprend que la vie a quitté sa grand-mère, mais que son esprit l'encourage à poursuivre sa mission.

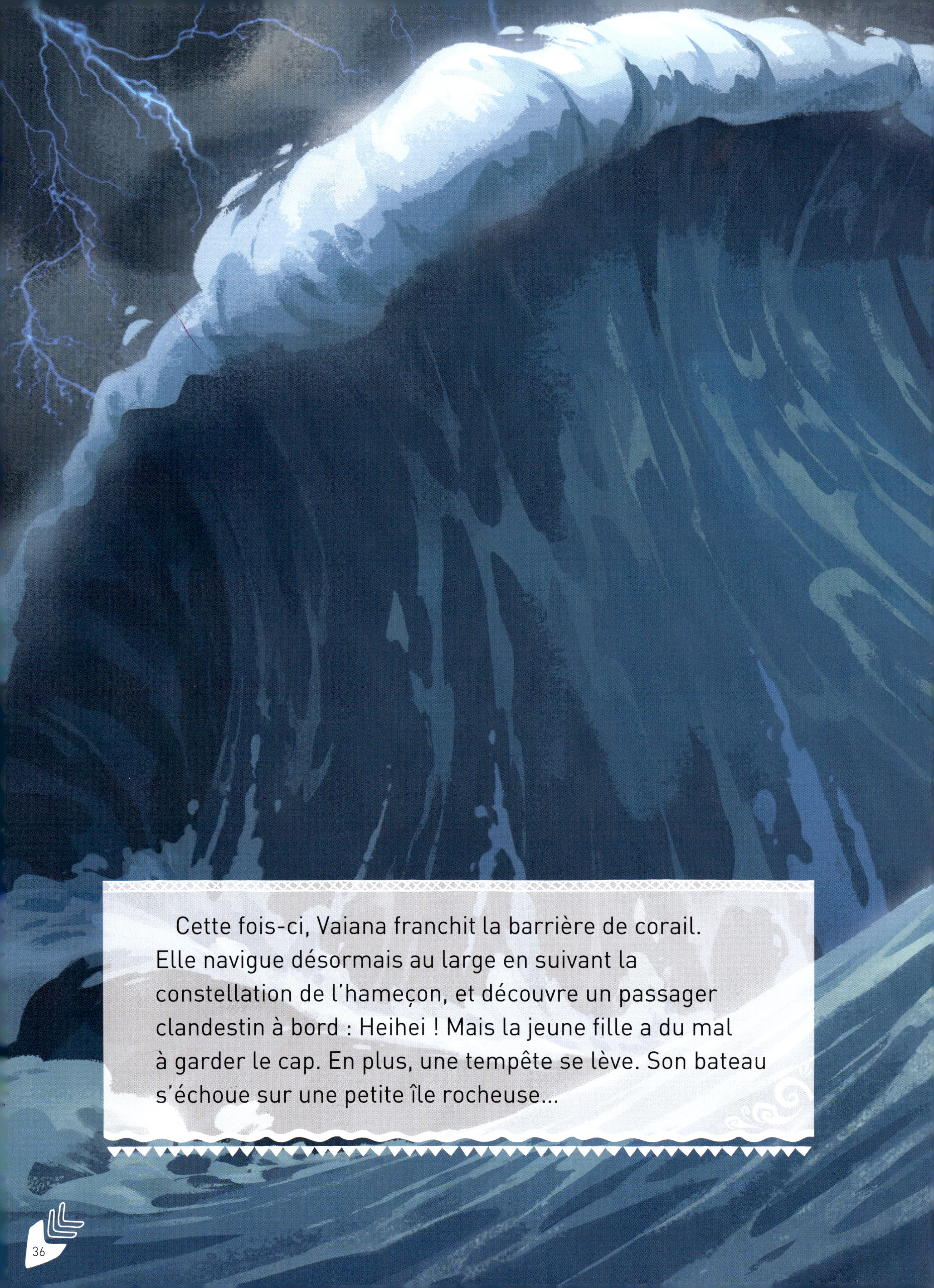

Cette fois-ci, Vaiana franchit la barrière de corail. Elle navigue désormais au large en suivant la constellation de l'hameçon, et découvre un passager clandestin à bord : Heihei ! Mais la jeune fille a du mal à garder le cap. En plus, une tempête se lève. Son bateau s'échoue sur une petite île rocheuse...

Soudain, Maui en personne surgit devant Vaiana !

« Je suis Vaiana de Motunui… » commence la jeune fille.

Mais le demi-dieu l'interrompt. Il soulève le bateau de Vaiana au-dessus de sa tête, exposant ses nombreux tatouages qui s'animent pour montrer les exploits de leur propriétaire.

Fascinée malgré elle, Vaiana découvre ainsi comment Maui a apporté le feu aux humains et créé les noix de coco. Elle ne se méfie pas lorsque le demi-dieu rusé la conduit dans une grotte... qu'il referme derrière elle à l'aide d'un gros rocher ! Maui piège ainsi Vaiana et lui vole son bateau, afin de quitter l'île et partir à la recherche de son hameçon magique.

Vaiana est folle de rage. Elle parvient à s'extraire de la grotte et nage dans le sillage du bateau qui s'éloigne. L'océan lui apporte une aide inattendue : une vague la dépose auprès de Maui !

« Je suis Vaiana de Motunui, dit-elle en brandissant son collier. Voici le cœur de Te Fiti, que nous allons restituer ensemble ! »

Mais un harpon frappe la pirogue !

« Les Kakamoras ! » s'écrie Maui.

De minuscules mais féroces créatures se jettent sur eux. Leur chef brandit sa hache en direction du cœur de Te Fiti. Dans la mêlée qui s'ensuit, le cœur se détache du collier et roule jusqu'à Heihei qui l'avale. Les Kakamoras s'emparent du coq et le ramènent sur leur bateau.

Vaiana bondit à leur poursuite. Elle les combat à coups de pagaie et leur arrache Heihei. Puis, à l'aide d'une corde, elle retourne à sa pirogue en tenant le coq. Pendant que Maui rame loin des Kakamoras, Heihei recrache enfin le cœur.

« Maintenant, en route pour Te Fiti ! s'écrie Vaiana.

– Pas question ! réplique Maui. Moi, je vais chercher mon hameçon.

– Mais, j'ai besoin de toi pour vaincre Te Kā ! N'as-tu pas envie de redevenir un héros ? »

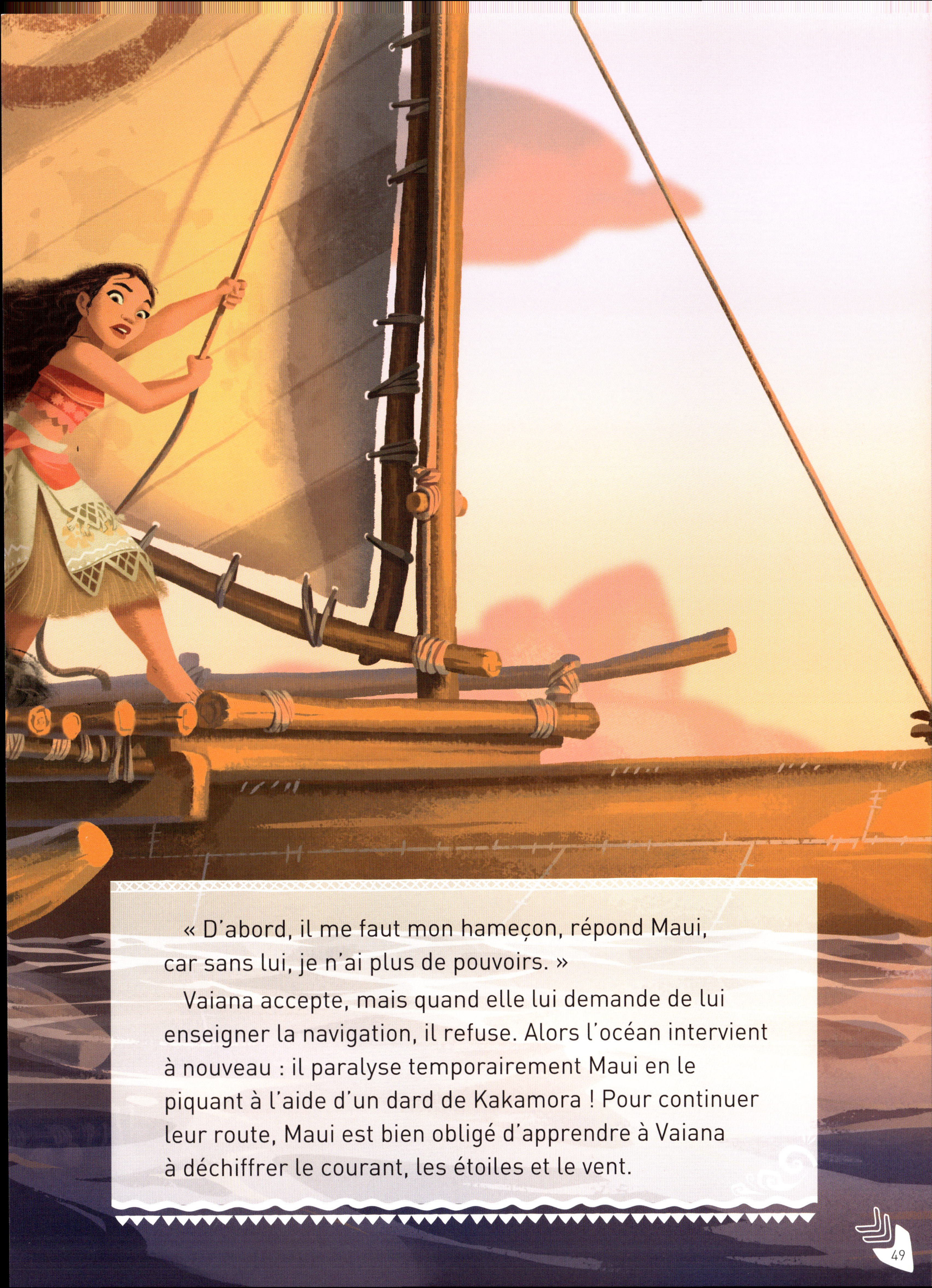

« D'abord, il me faut mon hameçon, répond Maui, car sans lui, je n'ai plus de pouvoirs. »

Vaiana accepte, mais quand elle lui demande de lui enseigner la navigation, il refuse. Alors l'océan intervient à nouveau : il paralyse temporairement Maui en le piquant à l'aide d'un dard de Kakamora ! Pour continuer leur route, Maui est bien obligé d'apprendre à Vaiana à déchiffrer le courant, les étoiles et le vent.

Le lendemain, Maui et Vaiana arrivent sur une île surmontée d'un immense rocher. Au sommet se trouve l'entrée de Lalotai, le royaume des monstres.

« Mon hameçon est là-bas, explique Maui. Il m'a été volé par Tamatoa, qui collectionne tout ce qui brille ! »

Le demi-dieu veut y aller seul, mais Vaiana escalade courageusement la falaise avec lui.

Une fois au sommet, Maui frappe le sol pour faire apparaître un visage dont la bouche s'ouvre sur un grand vide.

« C'est encore plus profond qu'il n'y paraît ! » se moque Maui avant de sauter. Pétrifiée, Vaiana reste immobile.

« Vas-y, tu en es capable ! » l'appelle-t-il.

Vaiana saute alors à son tour.

Après une longue chute, la jeune fille heurte durement le sol. Elle aperçoit une pile d'objets scintillants à l'intérieur d'un coquillage géant. Au sommet se trouve l'hameçon de Maui ! Vaiana s'en approche et Maui la rejoint.

« J'ai un plan. Quand Tamatoa se montrera, tu vas le distraire et moi, j'irai chercher mon hameçon ! »

Tout à coup, les objets se mettent à bouger. Tamatoa se réveille. Ce crabe géant a incrusté tous ses trésors dans sa carapace !

« Que fais-tu ici ? demande-t-il à Vaiana en l'emprisonnant entre ses pinces.

– Je suis ici parce que... vous êtes beau ! » répond-elle.

Tamatoa est flatté. Tandis qu'il parle de lui, Maui en profite pour reprendre son hameçon.

Le demi-dieu arrache Vaiana des pinces de Tamatoa. Il veut se changer en faucon, mais il se transforme en insecte, puis en cochon ! Voyant qu'il n'a rien à craindre de Maui, Tamatoa le frappe violemment puis lui reprend son hameçon.

« Tamatoa ! hurle Vaiana en brandissant le cœur de Te Fiti. J'ai quelque chose pour vous ! »

Tamatoa se rue sur la jeune fille qui s'enfuit. Elle trébuche et lâche la pierre qui roule dans une crevasse ! Obsédé par ce nouveau trésor, le monstre tente de le récupérer à l'aide de ses pinces. Vaiana en profite pour reprendre l'hameçon. Elle entraîne Maui vers la sortie et lui montre son collier où la pierre est toujours en place. Elle a trompé le monstre en échangeant le cœur contre un coquillage scintillant !

Vaiana et Maui courent jusqu'à un geyser qui les propulse en dehors du royaume des monstres.

« On est vivants ! » crie Vaiana avec soulagement.

Mais Maui a un problème : il s'est changé en partie en requin. Il ne parvient plus à maîtriser les pouvoirs de son hameçon. Et sans lui, ils ne pourront jamais vaincre Te Kā !

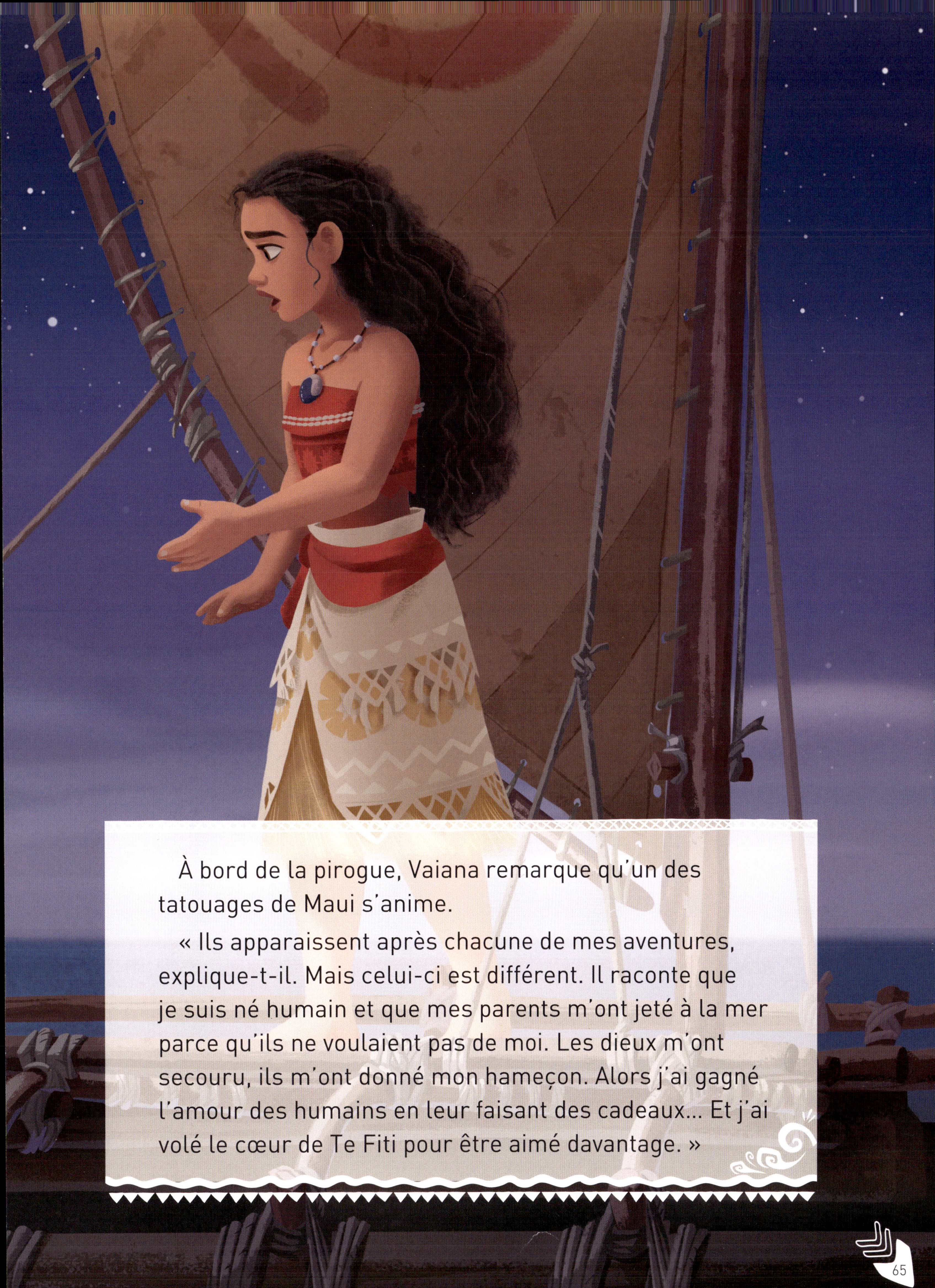

À bord de la pirogue, Vaiana remarque qu'un des tatouages de Maui s'anime.

« Ils apparaissent après chacune de mes aventures, explique-t-il. Mais celui-ci est différent. Il raconte que je suis né humain et que mes parents m'ont jeté à la mer parce qu'ils ne voulaient pas de moi. Les dieux m'ont secouru, ils m'ont donné mon hameçon. Alors j'ai gagné l'amour des humains en leur faisant des cadeaux... Et j'ai volé le cœur de Te Fiti pour être aimé davantage. »

Vaiana réfléchit avant de répondre :

« Les dieux n'ont pas fait de toi un héros, tu l'es devenu par toi-même. Et tu peux être à nouveau le Grand Maui ! »

Cachant son émotion, il commence à s'entraîner. Grâce aux encouragements de Vaiana, il retrouve ses facultés de métamorphose. Au bout de quelques essais, il réussit même à se transformer en faucon !

Pour remercier Vaiana, Maui lui enseigne tout ce qu'il sait sur la navigation. Ainsi, la jeune fille les conduit jusqu'à Te Fiti.

Mais en approchant de l'île, ils sont accueillis par une pluie de cendres. Dans un grondement féroce, Te Kā s'élève au-dessus d'eux. Maui se change en faucon et Vaiana tente de maintenir le cap.

En voyant Maui, Te Kā le frappe durement. Maui reprend forme humaine en tombant. Vaiana l'aide à monter à bord, puis elle repart en direction de Te Fiti.

« Fais demi-tour ! » lui crie Maui.

Soudain, Te Kā abat son poing de lave sur eux. Pour protéger Vaiana, Maui brandit son hameçon. Quand Te Kā heurte l'hameçon, le choc est tel que la pirogue est propulsée loin de Te Fiti !

« Vaiana, je t'avais dit de faire demi-tour, crie Maui, furieux. Mon hameçon est fissuré ! On ne peut pas le réparer et je ne courrai plus le risque de le perdre. Sans lui, je ne suis rien !

– Mais nous devons restituer le cœur ! L'océan m'a choisie...

– Il s'est trompé ! »

Sur ces mots, Maui se transforme en faucon et s'envole loin de Vaiana.

Vaiana est seule, vaincue. Maui l'a abandonnée et son bateau a été abîmé par Te Kā.

« Tu as choisi la mauvaise personne... » dit-elle à l'océan en lâchant le cœur de Te Fiti dans les vagues.

La pierre verte flotte un instant avant de disparaître.

Une raie manta lumineuse nage alors vers Vaiana...

« Grand-Mère Tala ? s'étonne la jeune fille. Désolée, j'ai échoué ! s'excuse-t-elle.

– Quoi que tu fasses, je serai toujours avec toi », répond Grand-Mère Tala avant de se matérialiser aux côtés de sa petite-fille.

Vaiana réalise qu'elle ne peut pas renoncer. Pas maintenant ! Elle sent l'esprit de ses ancêtres qui chantent pour l'encourager.

Vaiana plonge dans l'océan et retrouve le cœur. Quand elle revient à la surface, l'esprit de Grand-Mère Tala a disparu.

Mais la jeune fille a repris confiance en elle. Elle est Vaiana de Motunui ! Elle répare sa pirogue et, accompagnée de Heihei, elle repart en direction de Te Fiti.

Cette fois-ci, Vaiana est prête à affronter Te Kā. Chaque fois que la créature de lave tente de l'arrêter, la jeune fille manœuvre habilement son bateau. Elle parvient ainsi à franchir la barrière d'îles qui entourent Te Fiti. Alors, Te Kā frappe l'océan pour faire chavirer la pirogue et Vaiana est projetée dans l'eau.

Au moment où Te Kā s'apprête à abattre son poing sur elle, Maui s'interpose.

« Attention, ton hameçon ! crie Vaiana.

– Tu avais raison, réplique-t-il, je suis le seul à pouvoir décider de qui je suis. Maintenant, va sauver le monde ! »

Pendant que Maui se transforme pour semer la confusion chez Te Kā, Vaiana gagne les rives de Te Fiti.

Seulement, il n'y a plus qu'un trou à la place de l'île. Comment replacer le cœur si Te Fiti a disparu ?

Vaiana écoute sa voix intérieure et comprend ce qu'elle doit faire.

« Laisse Te Kā venir à moi », dit-elle à l'océan.

Les vagues forment un passage au sec pour Te Kā, qui se précipite sur Vaiana. La jeune fille l'attend en chantant, le cœur de Te Fiti à la main.

Te Kā s'arrête devant Vaiana. Doucement, la jeune fille replace le cœur dans sa poitrine. Aussitôt, l'enveloppe rocheuse de la créature se fissure.

Dans un flot de lumière, Te Fiti émerge, rayonnante. Elle grandit et devient de plus en plus verte. L'île mère est de retour ! La végétation se répand partout autour d'elle.

La déesse prend Vaiana et Maui dans le creux de sa main.

« Pardon, lui dit humblement Maui. J'ai agi par égoïsme, et je le regrette. »

Te Fiti accepte ses excuses. Elle lui rend son hameçon qu'elle a réparé. Puis, dans un nuage de pétales de fleurs, elle fait apparaître la pirogue de Vaiana, entièrement restaurée.

À présent, le moment est venu pour Vaiana et Maui de se séparer.

« Viens à Motunui, lui propose la jeune fille. Mon peuple a besoin d'un expert en navigation.

– Inutile, il en a déjà un… »

Tout à coup, un nouveau tatouage se dessine sur le cœur de Maui : Vaiana sur son bateau ! Les deux amis se saluent et Maui s'envole sous la forme d'un faucon.

À Motunui aussi, la vie est revenue. Sina et Tui se trouvent sur la plage lorsqu'ils voient leur fille entrer dans le lagon. Tout le village les rejoint pour accueillir Vaiana !

La jeune fille a encore une dernière chose à faire : elle prend le coquillage que l'océan lui a donné quand elle était enfant et le place au sommet de la colonne sacrée.

Vaiana est prête à devenir chef, à sa façon. Ses ancêtres étaient des navigateurs et elle va partager cet héritage avec son peuple, leur faire découvrir un monde d'explorations et de liberté. Elle a appris à écouter sa voix intérieure. Elle est Vaiana de Motunui et elle a encore de nombreuses aventures à vivre !

DANS LA MÊME COLLECTION

Disney • CINÉMA
Les chefs-d'œuvre

1 • Blanche-Neige et les Sept Nains
2 • Pinocchio
3 • Dumbo
4 • Bambi
5 • Cendrillon
6 • Peter Pan
7 • La Belle et le Clochard
8 • La Belle au Bois dormant
9 • Les 101 Dalmatiens
10 • Le Livre de la jungle
11 • Les Aristochats
12 • La Petite Sirène
13 • La Belle et la Bête
14 • Aladdin
15 • Le Roi Lion
16 • Alice au pays des merveilles

Disney • PIXAR
CINÉMA

Cars
Le Monde de Nemo
Ratatouille
Wall-E
Là-haut
Monstres Academy
Toy Story
Toy Story 2
Toy Story 3
Cars 2
Rebelle
Vice Versa
Le Voyage d'Arlo
Le Monde de Dory

Disney • CINÉMA

La fée Clochette
Clochette et la Pierre de Lune
Clochette et l'Expédition Féerique
Clochette et le Secret des Fées
Clochette et la Fée Pirate
Clochette et la Créature Légendaire
La Princesse et la Grenouille
Raiponce
Planes
Planes 2
Winnie l'Ourson
Les Mondes de Ralph
La Reine des Neiges
Les Nouveaux Héros
La Reine des Neiges - Une Fête Givrée
Zootopie